Gröls Verlage

„BÜCHER SIND WIE FALLSCHIRME. SIE NÜTZEN UNS NICHTS, WENN WIR SIE NICHT ÖFFNEN."

Gröls Verlag

Redaktionelle Hinweise und Impressum

Das vorliegende Werk wurde zugunsten der Authentizität sehr zurückhaltend bearbeitet. So wurden etwa ursprüngliche Rechtschreibfehler *nicht* systematisch behoben, denn kleine Unvollkommenheiten machen das Buch – wie im Übrigen den Menschen – erst authentisch. Mitunter wurden jedoch zum Beispiel Absätze behutsam neu getrennt, um den Lesefluss zu erleichtern.

Um die Texte zu rekonstruieren, werden antiquarische Bücher von Lesegeräten gescannt und dann durch eine Software lesbar gemacht. Der so entstandene Text wird von Menschen gegengelesen und korrigiert – hierbei treten auch Fehler auf. Wenn Sie ebenfalls antiquarische Texte einreichen möchten, finden Sie weitere Informationen auf www.groels.de

Viel Freude bei der Lektüre wünscht Ihnen das Team des Gröls-Verlags.

Adressen

Verleger: Sophia Gröls, Im Borngrund 26, 61440 Oberursel

Externer Dienstleister für Distribution & Herstellung: BoD, In de Tarpen 42, 22848 Norderstedt

Unsere „Edition | Werke der Weltliteratur“ hat den Anspruch, eine der größten und vollständigsten Sammlungen klassischer Literatur in deutscher Sprache zu sein. Nach und nach versammeln wir hier nicht nur die „üblichen Verdächtigen“ von Goethe bis Schiller, sondern auch Kleinode der vergangenen Jahrhunderte, die – zu Unrecht – drohen, in Vergessenheit zu geraten. Wir kultivieren und kuratieren damit einen der wertvollsten Bereiche der abendländischen Kultur. Kleine Auswahl:

Francis Bacon • Neues Organon • **Balzac** • Glanz und Elend der Kurtisanen • **Joachim H. Campe** • Robinson der Jüngere • **Dante Alighieri** • Die Göttliche Komödie • **Daniel Defoe** • Robinson Crusoe • **Charles Dickens** • Oliver Twist • **Denis Diderot** • Jacques der Fatalist • **Fjodor Dostojewski** • Schuld und Sühne • **Arthur Conan Doyle** • Der Hund von Baskerville • **Marie von Ebner-Eschenbach** • Das Gemeindekind • **Elisabeth von Österreich** • Das Poetische Tagebuch • **Friedrich Engels** • Die Lage der arbeitenden Klasse • **Ludwig Feuerbach** • Das Wesen des Christentums • **Johann G. Fichte** • Reden an die deutsche Nation • **Fitzgerald** • Zärtlich ist die Nacht • **Flaubert** • Madame Bovary • **Gorch Fock** • Seefahrt ist not! • **Theodor Fontane** • Effi Briest • **Robert Musil** • Über die Dummheit • **Edgar Wallace** • Der Frosch mit der Maske • **Jakob Wassermann** • Der Fall Maurizius • **Oscar Wilde** • Das Bildnis des Dorian Grey • **Émile Zola** • Germinal • **Stefan Zweig** • Schachnovelle • **Hugo von Hofmannsthal** • Der Tor und der Tod • **Anton Tschechow** • Ein Heiratsantrag • **Arthur Schnitzler** • Reigen • **Friedrich Schiller** • Kabale und Liebe • **Nicolo Machiavelli** • Der Fürst • **Gotthold E. Lessing** • Nathan der Weise • **Augustinus** • Die Bekenntnisse des heiligen Augustinus • **Marcus Aurelius** • Selbstbetrachtungen • **Charles Baudelaire** • Die Blumen des Bösen • **Harriett Stowe** • Onkel Toms Hütte • **Walter Benjamin** • Deutsche Menschen • **Hugo Bettauer** • Die Stadt ohne Juden • **Lewis Caroll** • *und viele mehr….*

Novalis

Hymnen an die Nacht

Inhalt

Erster Teil

1

Welcher Lebendige, Sinnbegabte, liebt nicht vor allen Wundererscheinungen des verbreiteten Raums um ihn das allerfreuliche Licht – mit seinen Farben, seinen Strahlen und Wogen; seiner milden Allgegenwart, als weckender Tag. Wie des Lebens innerste Seele atmet es der rastlosen Gestirne Riesenwelt, und schwimmt tanzend in seiner blauen Flut – atmet es der funkelnde, ewigruhende Stein, die sinnige, saugende Pflanze, und das wilde, brennende, vielgestaltete Tier – vor allen aber der herrliche Fremdling mit den sinnvollen

Augen, dem schwebenden Gange, und den zartgeschlossenen, tonreichen Lippen. Wie ein König der irdischen Natur ruft es jede Kraft zu zahllosen Verwandlungen, knüpft und löst unendliche Bündnisse, hängt sein himmlisches Bild jedem irdischen Wesen um. – Seine Gegenwart allein offenbart die Wunderherrlichkeit der Reiche der Welt.

Abwärts wend ich mich zu der heiligen, unaussprechlichen, geheimnisvollen Nacht. Fernab liegt die Welt – in eine tiefe Gruft versenkt – wüst und einsam ist ihre Stelle. In den Saiten der Brust weht tiefe Wehmut. In Tautropfen will ich hinuntersinken und mit der Asche mich vermischen. – Fernen der Erinnerung, Wünsche der Jugend, der

Kindheit Träume, des ganzen langen Lebens kurze Freuden und vergebliche Hoffnungen kommen in grauen Kleidern, wie Abendnebel nach der Sonne Untergang. In andern Räumen schlug die lustigen Gezelte das Licht auf. Sollte es nie zu seinen Kindern wiederkommen, die mit der Unschuld Glauben seiner harren?

Was quillt auf einmal so ahndungsvoll unterm Herzen, und verschluckt der Wehmut weiche Luft? Hast auch du ein Gefallen an uns, dunkle Nacht? Was hältst du unter deinem Mantel, das mir unsichtbar kräftig an die Seele geht? Köstlicher Balsam träuft aus deiner Hand, aus dem Bündel Mohn. Die schweren Flügel des Gemüts hebst du empor. Dunkel und unaussprechlich fühlen wir uns bewegt – ein ernstes Antlitz seh ich froh erschrocken, das sanft und andachtsvoll sich zu mir neigt, und unter unendlich verschlungenen Locken der Mutter liebe Jugend zeigt. Wie arm und kindisch dünkt mir das Licht nun – wie erfreulich und gesegnet des Tages Abschied. – Also nur darum, weil die Nacht dir abwendig macht die Dienenden, säetest du in des Raumes Weiten die leuchtenden Kugeln, zu verkünden deine Allmacht – deine Wiederkehr – in den Zeiten deiner Entfernung. Himmlischer, als jene blitzenden Sterne, dünken uns die unendlichen Augen, die die Nacht in uns geöffnet. Weiter sehn sie als die blässesten jener zahllosen Heere – unbedürftig des Lichts durchschaun sie die Tiefen eines liebenden Gemüts – was einen höhern Raum mit unsäglicher Wollust füllt. Preis der Weltkönigin, der hohen Verkündigerin heiliger Welten, der Pflegerin seliger Liebe – sie sendet mir dich – zarte Geliebte – liebliche Sonne der Nacht – nun wach ich – denn ich bin dein und mein – du hast die Nacht mir zum Leben verkündet – mich zum Menschen gemacht – zehre mit Geisterglut meinen Leib, daß ich luftig mit dir inniger mich mische und dann ewig die Brautnacht währt.

2

Muß immer der Morgen wiederkommen? Endet nie des Irdischen Gewalt? Unselige Geschäftigkeit verzehrt den himmlischen Anflug der Nacht. Wird nie der Liebe geheimes Opfer ewig brennen? Zugemessen ward dem Lichte seine Zeit; aber zeitlos und raumlos ist der Nacht Herrschaft. – Ewig ist die Dauer des Schlafs. Heiliger Schlaf – beglücke zu selten nicht der Nacht Geweihte in diesem irdischen Tagewerk. Nur die Toren verkennen dich und wissen von keinem Schlafe, als dem Schatten, den du in jener Dämmerung der wahrhaften Nacht mitleidig auf uns wirfst. Sie fühlen dich nicht in der goldnen Flut der Trauben – in des

Mandelbaums Wunderöl und dem braunen Safte des Mohns. Sie wissen nicht, daß du es bist, der des zarten Mädchens Busen umschwebt und zum Himmel den Schoß macht – ahnden nicht, daß aus alten Geschichten du himmelöffnend entgegentrittst und den Schlüssel trägst zu den Wohnungen der Seligen, unendlicher Geheimnisse schweigender Bote.

3

Einst da ich bittre Tränen vergoß, da in Schmerz aufgelöst meine Hoffnung zerrann, und ich einsam stand am dürren Hügel, der in engen, dunkeln Raum die Gestalt meines Lebens barg – einsam, wie noch kein

Einsamer war, von unsäglicher Angst getrieben – kraftlos, nur ein Gedanken des Elends noch. – Wie ich da nach Hülfe umherschaute, vorwärts nicht konnte und rückwärts nicht, und am fliehenden, verlöschten Leben mit unendlicher Sehnsucht hing: – da kam aus blauen Fernen – von den Höhen meiner alten Seligkeit ein Dämmerungsschauer – und mit einem Male riß das Band der Geburt – des Lichtes Fessel. Hin floh die irdische Herrlichkeit und meine Trauer mit ihr – zusammen floß die Wehmut in eine neue, unergründliche Welt – du Nachtbegeisterung, Schlummer des Himmels kamst über mich – die Gegend hob sich sacht empor; über der Gegend schwebte mein entbundner, neugeborner Geist. Zur Staubwolke wurde der Hügel – durch die Wolke sah ich die verklärten Züge der Geliebten. In ihren Augen ruhte die Ewigkeit – ich faßte ihre Hände, und die Tränen wurden ein funkelndes, unzerreißliches Band. Jahrtausende zogen abwärts in die Ferne, wie Ungewitter. An ihrem Halse weint ich dem neuen Leben entzückende Tränen. – Es war der erste, einzige Traum – und erst seitdem fühl ich ewigen, unwandelbaren Glauben an den Himmel der Nacht und sein Licht, die Geliebte.

4

Nun weiß ich, wenn der letzte Morgen sein wird – wenn das Licht nicht mehr die Nacht und die Liebe scheucht – wenn der Schlummer ewig und nur *ein* unerschöpflicher Traum sein wird. Himmlische Müdigkeit fühl ich in mir. – Weit und ermüdend ward mir die Wallfahrt zum heiligen Grabe, drückend das Kreuz. Die kristallene Woge, die, gemeinen Sinnen unvernehmlich, in des Hügels dunklen Schoß quillt, an dessen Fuß die irdische Flut bricht, wer sie gekostet, wer oben stand auf dem Grenzgebürge der Welt, und hinübersah in das neue Land, in der Nacht Wohnsitz – wahrlich, der kehrt nicht in das Treiben der

Welt zurück, in das Land, wo das Licht in ewiger Unruh hauset.

Oben baut er sich Hütten, Hütten des Friedens, sehnt sich und liebt, schaut hinüber, bis die willkommenste aller Stunden hinunter ihn in den Brunnen der Quelle zieht – das Irdische schwimmt obenauf, wird von Stürmen zurückgeführt, aber was heilig durch der Liebe Berührung ward, rinnt aufgelöst in verborgenen Gängen auf das jenseitige Gebiet, wo es, wie Düfte, sich mit entschlummerten Lieben mischt.

Noch weckst du, muntres Licht, den Müden zur Arbeit – flößest fröhliches Leben mir ein – aber du lockst mich von der Erinnerung moosigem Denkmal nicht. Gern will ich die fleißigen Hände rühren, überall umschaun, wo du mich brauchst – rühmen deines Glanzes volle Pracht – unverdrossen verfolgen deines künstlichen Werks schönen Zusammenhang – gern betrachten deiner gewaltigen, leuchtenden Uhr sinnvollen Gang – ergründen der Kräfte Ebenmaß und die Regeln des Wunderspiels unzähliger Räume und ihrer Zeiten. Aber getreu der Nacht bleibt mein geheimes Herz und der schaffenden Liebe, ihrer Tochter. Kannst du mir zeigen ein ewig treues Herz? Hat deine Sonne freundliche Augen, die mich erkennen? Fassen deine Sterne meine verlangende Hand? Geben mir wieder den zärtlichen

Druck und das kosende Wort? Hast du mit Farben und leichtem Umriß sie geziert – oder war *sie* es, die deinem Schmuck höhere, liebere Bedeutung gab? Welche Wollust, welchen Genuß bietet dein Leben, die aufwögen des Todes Entzückungen? Trägt nicht alles, was uns begeistert, die Farbe der Nacht? Sie trägt dich mütterlich, und ihr verdankst du all deine Herrlichkeit. Du verflögst in dir selbst – in endlosen Raum zergingst du, wenn sie dich nicht hielte, dich nicht bände, daß du warm würdest und flammend die Welt zeugtest. Wahrlich, ich war, eh du warst – die Mutter schickte mit meinen Geschwistern mich, zu bewohnen deine Welt, sie zu heiligen mit Liebe, daß sie ein ewig angeschautes Denkmal werde – zu bepflanzen sie mit unverwelklichen Blumen. Noch reiften sie nicht diese göttlichen Gedanken. – Noch sind der Spuren unserer Offenbarung wenig. – Einst zeigt deine Uhr das Ende der Zeit, wenn du wirst wie unser einer, und voll Sehnsucht und Inbrunst auslöschest und stirbst. In mir fühl ich deiner Geschäftigkeit Ende – himmlische Freiheit, selige Rückkehr. In wilden Schmerzen erkenn ich deine Entfernung von unsrer Heimat, deinen Widerstand gegen den alten, herrlichen Himmel. Deine Wut und dein Toben ist vergebens. Unverbrennlich steht das Kreuz – eine Siegesfahne unsers Geschlechts.

Hinüber wall ich,

Und jede Pein

Wird einst ein Stachel

Der Wollust sein.

Noch wenig Zeiten,

So bin ich los,

Und liege trunken

Der Liebe im Schoß.

Unendliches Leben

Wogt mächtig in mir,

Ich schaue von oben

Herunter nach dir.

An jenem Hügel

Verlischt dein Glanz –

Ein Schatten bringet

Den kühlenden Kranz.

Oh! sauge, Geliebter,

Gewaltig mich an,

Daß ich entschlummern

Und lieben kann.

Ich fühle des Todes

Verjüngende Flut,

Zu Balsam und Äther

Verwandelt mein Blut –

Ich lebe bei Tage

Voll Glauben und Mut

Und sterbe die Nächte

In heiliger Glut.

5

Über der Menschen weitverbreitete Stämme herrschte vor Zeiten ein eisernes Schicksal mit stummer Gewalt. Eine dunkle, schwere Binde lag um ihre bange Seele. – Unendlich war die Erde – der Götter Aufenthalt, und ihre Heimat. Seit Ewigkeiten stand ihr geheimnisvoller Bau. Über des Morgens roten Bergen, in des Meeres heiligem Schoß wohnte die Sonne, das allzündende, lebendige Licht.

Ein alter Riese trug die selige Welt. Fest unter Bergen lagen die Ursöhne der Mutter Erde. Ohnmächtig in ihrer zerstörenden Wut gegen das neue herrliche Göttergeschlecht und dessen Verwandten, die fröhlichen Menschen. Des Meers dunkle, grüne Tiefe war einer Göttin Schoß. In den kristallenen Grotten schwelgte ein üppiges Volk. Flüsse, Bäume, Blumen und Tiere hatten menschlichen Sinn. Süßer schmeckte der Wein von sichtbarer Jugendfülle geschenkt – ein Gott in den Trauben – eine liebende, mütterliche Göttin, emporwachsend in vollen goldenen Garben – der Liebe heil'ger Rausch ein süßer Dienst der schönsten Götterfrau – ein ewig buntes Fest der Himmelskinder und der Erdbewohner, rauschte das Leben, wie ein Frühling, durch die Jahrhunderte hin. – Alle Geschlechter verehrten kindlich die zarte, tausendfältige Flamme als das Höchste der

Welt. *Ein* Gedanke nur war es, *ein* entsetzliches Traumbild.

Das furchtbar zu den frohen Tischen trat
Und das Gemüt in wilde Schrecken hüllte.
Hier wußten selbst die Götter keinen Rat,
Der die beklommne Brust mit Trost erfüllte.
Geheimnisvoll war dieses Unholds Pfad,
Des Wut kein Flehn und keine Gabe stillte;
Es war der Tod, der dieses Lustgelag
Mit Angst und Schmerz und Tränen unterbrach.

Auf ewig nun von allem abgeschieden,
Was hier das Herz in süßer Wollust regt,
Getrennt von den Geliebten, die hienieden
Vergebne Sehnsucht, langes Weh bewegt,

Schien matter Traum dem Toten nur beschieden,
Ohnmächtiges Ringen nur ihm auferlegt.
Zerbrochen war die Woge des Genusses
Am Felsen des unendlichen Verdrusses.

Mit kühnem Geist und hoher Sinnenglut
Verschönte sich der Mensch die grause Larve,
Ein sanfter Jüngling löscht das Licht und ruht
–
Sanft wird das Ende, wie ein Wehn der Harfe.
Erinnerung schmilzt in kühler Schattenflut,
So sang das Lied dem traurigen Bedarfe.
Doch unenträtselt blieb die ew'ge Nacht,
Das ernste Zeichen einer fernen Macht.

Zu Ende neigte die alte Welt sich. Des jungen Geschlechts Lustgarten verwelkte – hinauf in den freieren, wüsten Raum strebten die unkindlichen, wachsenden Menschen. Die Götter verschwanden mit ihrem Gefolge. – Einsam und leblos stand die Natur. Mit eiserner Kette band sie die dürre Zahl und das strenge Maß. Wie in Staub und Lüfte zerfiel in dunkle Worte die unermeßliche Blüte des Lebens. Entflohn war der beschwörende Glauben und die allverwandelnde, allverschwisternde Himmelsgenossin, die Phantasie. Unfreundlich blies ein kalter Nordwind über die erstarrte Flur, und die erstarrte Wunderheimat verflog in den Äther. Des Himmels Fernen füllten mit leuchtenden

Welten sich. Ins tiefre Heiligtum, in des Gemüts höhern Raum zog mit ihren Mächten die Seele der Welt – zu walten dort bis zum Anbruch der tagenden Weltherrlichkeit. Nicht mehr war das Licht der Götter Aufenthalt und himmlisches Zeichen – den Schleier der Nacht warfen sie über sich. Die Nacht ward der Offenbarungen mächtiger Schoß – in ihn kehrten die Götter zurück – schlummerten ein, um in neuen herrlichern Gestalten auszugehn über die veränderte Welt. Im Volk, das vor allen verachtet zu früh reif und der seligen Unschuld der Jugend trotzig fremd geworden war, erschien mit niegesehenem Angesicht die neue Welt – in der Armut dichterischer Hütte – ein Sohn der ersten Jungfrau und Mutter – geheimnisvoller Umarmung unendliche Frucht. Des Morgenlands ahndende, blütenreiche Weisheit erkannte zuerst der neuen Zeit Beginn. – Zu des Königs demütiger Wiege wies ihr ein Stern den Weg. In der weiten Zukunft Namen huldigten sie ihm mit Glanz und Duft, den höchsten Wundern der Natur. Einsam entfaltete das himmlische Herz sich zu einem Blütenkelch allmächt'ger Liebe – des Vaters hohem Antlitz zugewandt und ruhend an dem ahndungssel'gen Busen der lieblich ernsten Mutter. Mit vergötternder Inbrunst schaute das weissagende Auge des blühenden Kindes auf die Tage der Zukunft, nach seinen Geliebten, den Sprossen seines

Götterstamms, unbekümmert über seiner Tage irdisches Schicksal. Bald sammelten die kindlichsten Gemüter, von inniger Liebe wundersam ergriffen, sich um ihn her. Wie Blumen keimte ein neues fremdes Leben in seiner Nähe. Unerschöpfliche Worte und der Botschaften fröhlichste fielen wie Funken eines göttlichen Geistes von seinen freundlichen Lippen. Von ferner Küste, unter Hellas' heiterm Himmel geboren, kam ein Sänger nach Palästina und ergab sein ganzes Herz dem Wunderkinde:

Der Jüngling bist du, der seit langer Zeit
Auf unsern Gräbern steht in tiefen Sinnen;
Ein tröstlich Zeichen in der Dunkelheit –

Der höhern Menschheit freudiges Beginnen.
Was uns gesenkt in tiefe Traurigkeit,
Zieht uns mit süßer Sehnsucht nun von hinnen.
Im Tode ward das ew'ge Leben kund,
Du bist der Tod und machst uns erst gesund.

Der Sänger zog voll Freudigkeit nach Indostan – das Herz von süßer Liebe trunken, und schüttete in feurigen Gesängen es unter jenem milden Himmel aus, daß tausend Herzen sich zu ihm neigten und die fröhliche Botschaft tausendzweigig emporwuchs. Bald nach des Sängers Abschied ward das köstliche Leben ein Opfer des menschlichen tiefen Verfalls. – Er starb in jungen Jahren, weggerissen von der geliebten Welt, von der weinenden Mutter und seinen zagenden Freunden. Der unsäglichen Leiden dunkeln Kelch leerte der liebliche Mund. – In entsetzlicher Angst nahte die Stunde der Geburt der neuen Welt. Hart rang er mit des alten Todes Schrecken. – Schwer lag der Druck der alten Welt auf ihm. Noch einmal sah er freundlich nach der Mutter – da kam der ewigen Liebe lösende Hand – und er entschlief. Nur wenig Tage hing ein tiefer Schleier über das brausende Meer, über das bebende Land – unzählige Tränen weinten die Geliebten. – Entsiegelt ward das Geheimnis – himmlische Geister hoben den uralten Stein vom dunkeln Grabe. Engel saßen bei dem Schlummernden – aus seinen

Träumen zart gebildet. – Erwacht in neuer Götterherrlichkeit erstieg er die Höhe der neugebornen Welt – begrub mit eigner Hand der Alten Leichnam in die verlaßne Höhle und legte mit allmächtiger Hand den Stein, den keine Macht erhebt, darauf.

Noch weinen deine Lieben Tränen der Freude, Tränen der Rührung und des unendlichen Danks an deinem Grabe – sehn dich noch immer, freudig erschreckt, auferstehn – und sich mit dir; sehn dich weinen mit süßer Inbrunst an der Mutter seligem Busen, ernst mit den Freunden wandeln, Worte sagen, wie vom Baum des Lebens gebrochen; sehen dich eilen mit voller Sehnsucht in des Vaters Arm, bringend die junge Menschheit und der goldnen Zukunft unversieglichen Becher. Die Mutter eilte bald dir nach – in himmlischem Triumph. – Sie war die erste in der neuen Heimat bei dir. Lange Zeiten entflossen seitdem, und in immer höherm Glanze regte deine neue Schöpfung sich – und Tausende zogen aus Schmerzen und Qualen, voll Glauben und Sehnsucht und Treue dir nach – wallen mit dir und der himmlischen Jungfrau im Reiche der Liebe – dienen im Tempel des himmlischen Todes und sind in Ewigkeit dein.

Gehoben ist der Stein –

Die Menschheit ist erstanden –

Wir alle bleiben dein
Und fühlen keine Banden.
Der herbste Kummer fleucht
Vor deiner goldnen Schale,
Wenn Erd und Leben weicht
Im letzten Abendmahle.

Zur Hochzeit ruft der Tod –
Die Lampen brennen helle –
Die Jungfraun sind zur Stelle –
Um Öl ist keine Not –
Erklänge doch die Ferne
Von deinem Zuge schon,
Und ruften uns die Sterne
Mit Menschenzung' und Ton.

Nach dir, Maria, heben
Schon tausend Herzen sich.
In diesem Schattenleben
Verlangten sie nur dich.
Sie hoffen zu genesen
Mit ahndungsvoller Lust –
Drückst du sie, heil'ges Wesen,
An deine treue Brust.

So manche, die sich glühend
In bittrer Qual verzehrt
Und dieser Welt entfliehend
Nach dir sich hingekehrt;
Die hülfreich uns erschienen
In mancher Not und Pein –

Wir kommen nun zu ihnen,
Um ewig da zu sein.

Nun weint an keinem Grabe
Für Schmerz, wer liebend glaubt,
Der Liebe süße Habe
Wird keinem nicht geraubt –
Die Sehnsucht ihm zu lindern,
Begeistert ihn die Nacht –
Von treuen Himmelskindern
Wird ihm sein Herz bewacht.

Getrost, das Leben schreitet
Zum ew'gen Leben hin;
Von innrer Glut geweitet
Verklärt sich unser Sinn.
Die Sternwelt wird zerfließen

Zum goldnen Lebenswein,
Wir werden sie genießen
Und lichte Sterne sein.

Die Lieb ist frei gegeben,
Und keine Trennung mehr.
Es wogt das volle Leben
Wie ein unendlich Meer.
Nur *eine* Nacht der Wonne –
Ein ewiges Gedicht –
Und unser aller Sonne
Ist Gottes Angesicht.

6

Sehnsucht nach dem Tode

Hinunter in der Erde Schoß,

Weg aus des Lichtes Reichen,

Der Schmerzen Wut und wilder Stoß

Ist froher Abfahrt Zeichen.

Wir kommen in dem engen Kahn

Geschwind am Himmelsufer an.

Gelobt sei uns die ew'ge Nacht,

Gelobt der ew'ge Schlummer.

Wohl hat der Tag uns warm gemacht

Und welk der lange Kummer.

Die Lust der Fremde ging uns aus,

Zum Vater wollen wir nach Haus.

Was sollen wir auf dieser Welt
Mit unsrer Lieb und Treue.
Das Alte wird hintangestellt,
Was soll uns dann das Neue.
Oh! einsam steht und tiefbetrübt,
Wer heiß und fromm die Vorzeit liebt.

Die Vorzeit, wo die Sinne licht
In hohen Flammen brannten,
Des Vaters Hand und Angesicht
Die Menschen noch erkannten,
Und hohen Sinns, einfältiglich
Noch mancher seinem Urbild glich.

Die Vorzeit, wo noch blütenreich
Uralte Stämme prangten
Und Kinder für das Himmelreich

Nach Qual und Tod verlangten.

Und wenn auch Lust und Leben sprach,

Doch manches Herz für Liebe brach.

Die Vorzeit, wo in Jugendglut

Gott selbst sich kundgegeben

Und frühem Tod in Liebesmut

Geweiht sein süßes Leben.

Und Angst und Schmerz nicht von sich

trieb,

Damit er uns nur teuer blieb.

Mit banger Sehnsucht sehn wir sie

In dunkle Nacht gehüllet,

In dieser Zeitlichkeit wird nie

Der heiße Durst gestillet.

Wir müssen nach der Heimat gehn,

Um diese heil'ge Zeit zu sehn.

Was hält noch unsre Rückkehr auf,

Die Liebsten ruhn schon lange.

Ihr Grab schließt unsern Lebenslauf,

Nun wird uns weh und bange.

Zu suchen haben wir nichts mehr –

Das Herz ist satt – die Welt ist leer.

Unendlich und geheimnisvoll

Durchströmt uns süßer Schauer –

Mir deucht, aus tiefen Fernen scholl

Ein Echo unsrer Trauer.

Die Lieben sehnen sich wohl auch

Und sandten uns der Sehnsucht Hauch.

Hinunter zu der süßen Braut,

Zu Jesus, dem Geliebten –

Getrost, die Abenddämmrung graut

Den Liebenden, Betrübten.

Ein Traum bricht unsre Banden los

Und senkt uns in des Vaters Schoß.

Zweiter Teil

1.

Welcher Lebendige,

Sinnbegabte,

Liebt nicht vor allen

Wundererscheinungen

Des verbreiteten Raums um ihn

Das allerfreuliche Licht –

Mit seinen Stralen und Wogen

Seinen Farben,

Seiner milden Allgegenwart

Im Tage.

Wie des Lebens

Innerste Seele

Athmet es die Riesenwelt

Der rastlosen Gestirne

Die in seinem blauen Meere schwimmen,

Athmet es der funkelnde Stein,

Die ruhige Pflanze

Und der Thiere

Vielgestaltete,

Immerbewegte Kraft –

Athmen es vielfarbige

Wolken und Lüfte

Und vor allen

Die herrlichen Fremdlinge

Mit den sinnvollen Augen

Dem schwebenden Gange

Und dem tönenden Munde.

Wie ein König

Der irrdischen Natur

Ruft es jede Kraft

Zu zahllosen Verwandlungen

Und seine Gegenwart allein

Offenbart die Wunderherrlichkeit

Des irrdischen Reichs.

Abwärts wend ich mich

Zu der heiligen, unaussprechlichen

Geheimnißvollen Nacht –

Fernab liegt die Welt,

Wie versenkt in eine tiefe Gruft

Wie wüst und einsam

Ihre Stelle!

Tiefe Wehmuth

Weht in den Sayten der Brust

Fernen der Errinnerung

Wünsche der Jugend

Der Kindheit Träume

Des ganzen, langen Lebens

Kurze Freuden

Und vergebliche Hoffnungen

Kommen in grauen Kleidern

Wie Abendnebel

Nach der Sonne,

Untergang.

Fernab liegt die Welt

Mit ihren bunten Genüssen.

In andern Räumen

Schlug das Licht auf

Die lustigen Gezelte.

Sollt es nie wiederkommen

Zu seinen treuen Kindern,

Seinen Gärten

In sein herrliches Haus?

Doch was quillt

So kühl und erquicklich

So ahndungsvoll

Unterm Herzen

Und verschluckt

Der Wehmuth weiche Luft,

Hast auch du

Ein menschliches Herz

Dunkle Macht?

Was hältst du

Unter deinem Mantel

Das mir unsichtbar kräftig
An die Seele geht?
Du scheinst nur furchtbar –
Köstlicher Balsam
Träuft aus deiner Hand
Aus dem Bündel Mohn
In süßer Trunkenheit
Entfaltest du die schweren Flügel des
Gemüths.
Und schenkst uns Freuden
Dunkel und unaussprechlich
Heimlich, wie du selbst, bist
Freuden, die uns
Einen Himmel ahnden lassen.
Wie arm und kindisch

Dünkt mir das Licht,

Mit seinen bunten Dingen

Wie erfreulich und gesegnet

Des Tages Abschied.

Also nur darum

Weil die Nacht dir

Abwendig macht die Dienenden

Säetest du

In des Raums Weiten

Die leuchtenden Kugeln

Zu verkünden deine Allmacht

Deine Widerkehr

In den Zeiten deiner Entfernung.

Himmlischer als jene blitzenden Sterne

In jenen Weiten

Dünken uns die unendlichen Augen
Die die Nacht
In uns geöffnet.
Weiter sehn sie
Als die blassesten
Jener zahllosen Heere
Unbedürftig des Lichts
Durchschaun sie die Tiefen
Eines liebenden Gemüths,
Was einen höhern Raum
Mit unsäglicher Wollust füllt.
Preis der Weltköniginn,
Der hohen Verkündigerinn
Heiliger Welt,
Der Pflegerinn

Seliger Liebe

Du kommst, Geliebte –

Die Nacht ist da –

Entzückt ist meine Seele –

Vorüber ist der irrdische Tag

Und du bist wieder Mein.

Ich schaue dir ins tiefe dunkle Auge,

Sehe nichts als Lieb und Seligkeit.

Wir sinken auf der Nacht Altar

Aufs weiche Lager –

Die Hülle fällt

Und angezündet von dem warmen Druck

Entglüht des süßen Opfers

Reine Glut.

2.

Muß immer der Morgen wiederkommen?

Endet nie des Irrdischen Gewalt?

Unselige Geschäftigkeit verzehrt

Den himmlischen Anflug der Nacht?

Wird nie der Liebe geheimes Opfer

Ewig brennen?

Zugemessen ward

Dem Lichte Seine Zeit

Und dem Wachen –

Aber zeitlos ist der Nacht Herrschaft,

Ewig ist die Dauer des Schlafs.

Heiliger Schlaf!

Beglücke zu selten nicht

Der Nacht Geweihte –

In diesem irrdischen Tagwerck.

Nur die Thoren verkennen dich

Und wissen von keinem Schlafe

Als den Schatten

Den du mitleidig auf uns wirfst

In jener Dämmrung

Der wahrhaben Nacht.

Sie fühlen dich nicht

In der goldnen Flut der Trauben

In des Mandelbaums

Wunderöl

Und dem braunen Safte des Mohns.

Sie wissen nicht

Daß du es bist

Der des zarten Mädchens

Busen umschwebt

Und zum Himmel den Schoos macht –

Ahnden nicht

Daß aus alten Geschichten

Du himmelöffnend entgegentrittst

Und den Schlüssel trägst

Zu den Wohnungen der Seligen,

Unendlicher Geheimnisse

Schweigender Bote.

3.

Einst, da ich bittre Thränen vergoß –

Da in Schmerz aufgelöst meine Hoffnung zerrann und ich einsam stand an dem dürren Hügel, der in engen dunkeln Raum die Gestalt meines Lebens begrub, Einsam, wie noch kein Einsamer war, von unsäglicher Angst getrieben, Kraftlos, nur ein Gedanken des Elends noch, – Wie ich da nach Hülfe umherschaute, Vorwärts nicht könnte und rückwärts nicht – und am fliehenden, verlöschten Leben mit unendlicher Sehnsucht hing – da kam aus blauen Fernen, Von den Höhen meiner alten Seligkeit ein Dämmrungs Schauer – Und mit einemmale riß das Band der Geburt, des Lichtes Fessel – Hin floh die irrdische Herrlichkeit und meine Trauer mit ihr. Zusammen floß die Wehmuth in Eine neue unergründliehe Welt – Du Nachtbegeisterung, Schlummer des Himmels kamst über mich. Die Gegend hob sich sacht empor – über der Gegend schwebte mein entbundner neugeborner Geist. Zur Staubwolke wurde der Hügel und durch die Wolke sah ich die verklärten Züge der Geliebten – In Ihren Augen ruhte die Ewigkeit – ich faßte ihre Hände und die Thränen wurden ein funkelndes, unzerreißliches Band. Jahrtausende zogen abwärts in die Ferne, wie Ungewitter – An ihrem Halse weint ich dem neuen Leben entzückende Thränen. Das war der Erste Traum in dir. Er zog vorüber aber sein Abglanz blieb der ewige unerschütterliche Glauben an den Nachthimmel und seine Sonne, die Geliebte.

4.

Er hebt den Stein vom Grabe.

Nun weiß ich wenn der lezte Morgen seyn wird – wenn das Licht nicht mehr die Nacht und die Liebe scheucht, wenn der Schlummer ewig, und nur Ein unerschöpflicher Traum seyn wird. Himmlische Müdigkeit verläßt mich nun nicht wieder. Weit und mühsam war der Weg zum heilgen Grabe und das Kreutz war schwer. Wessen Mund einmal die krystallene Woge nezte, die gemeinen Sinnen unsichtbar, quillt in des Hügels dunkeln Schoos, an dessen Fuß die irrdische Flut bricht, wer oben stand auf diesem Grenzgebürge der Welt und hinüber sah, in das neue Land, in der Nacht Wohnsitz, warlich der kehrt nicht in das Treiben der Welt zurück, in das Land, wo das Licht regiert und ewige Unruh haußt. Oben baut er sich Hütten Hütten des Friedens, sehnt sich und liebt, schaut hinüber, bis die willkommenste aller Stunden hinunter ihn in den Brunnen der Quelle zieht. Alles Irrdische schwimmt oben auf und wird von der Höhe hinabgespült, aber was Heilig ward durch der Liebe Berührung rinnt aufgelöst in verborgenen Gängen auf das jenseitige Gebiet, wo es, wie Wolken sich Mit entschlummerten Lieben mischt.

Noch weckst du,

Muntres Licht,

Den Müden zur Arbeit –

Flößest fröliches Leben mir ein.

Aber du lockst mich

Von der Errinnerung

Moosigen Denkmal nicht.

Gern will ich

Die fleißigen Hände rühren

Überall umschauen

Wo du mich brauchst,

Rühmen deines Glanzes

Volle Pracht

Unverdroßen verfolgen

Den schönen Zusammenhang

Deines künstlichen Wercks

Gern betrachten

Den sinnvollen Gang

Deiner gewaltigen

Leuchtenden Uhr,

Ergründen der Kräfte

Ebenmaaß

Und die Regeln

Des Wunderspiels

Unzähliger Räume

Und ihrer Zeiten.

Aber getreu der Nacht

Bleibt mein geheimes Herz

Und ihrer Tochter

Der schaffenden Liebe.

Kannst du mir zeigen

Ein ewigtreues Herz?

Hat deine Sonne

Freundliche Augen

Die mich erkennen?

Fassen deine Sterne

Meine verlangende Hand?

Geben mir wieder

Den zärtlichen Druck?

Hast du mit Farben

Und leichten Umriß

Sie geschmückt

Oder war Sie es

Die deinem Schmuck

Höhere, liebere Bedeutung gab?

Welche Wollust,

Welchen Genuß,

Bietet dein Leben

Die aufwögen

Des Todes Entzückungen.

Trägt nicht alles

Was uns begeistert

Die Farbe der Nacht –

Sie trägt dich mütterlich

Und ihr verdankst du

All deine Herrlichkeit.

Du verflögst

In dir selbst

In endlosen Raum

Zergingst du,

Wenn sie dich nicht hielte –

Dich nicht bände

Daß du warm würdest

Und flammend

Die Welt zeugtest.

Warlich ich war eh du warst,

Mit meinem Geschlecht

Schickte die Mutter mich

Zu bewohnen deine Welt

Und zu heiligen sie

Mit Liebe.

Zu geben

Menschlichen Sinn

Deinen Schöpfungen.

Noch reiften sie nicht
Diese göttlichen Gedanken.
Noch sind der Spuren
Unsrer Gegenwart
Wenig.
Einst zeigt deine Uhr
Das Ende der Zeit
Wenn du wirst,
Wie unser Einer
Und voll Sehnsucht
Auslöschest und stirbst.
In mir fühl ich
Der Geschäftigkeit Ende
Himmlische Freyheit,
Selige Rückkehr.

In wilden Schmerzen

Erkenn ich deine Entfernung

Von unsrer Heymath

Deinen Widerstand

Gegen den alten,

Herrlichen Himmel.

Umsonst ist deine Wuth

Dein Toben.

Unverbrennlich

Steht das Kreutz,

Eine Siegesfahne

Unsres Geschlechts.

Hinüber wall ich

Und jede Pein

Wird einst ein Stachel

Der Wollust seyn.

Noch wenig Zeiten

So bin ich los

Und liege trunken

Der Lieb' im Schoos.

Unendliches Leben

Kommt über mich

Ich sehe von oben

Herunter auf Dich.

An jenem Hügel

Verlischt dein Glanz

Ein Schatten bringet

Den kühlen Kranz

O! sauge Geliebter

Gewaltig mich an

Daß ich bald ewig

Entschlummern kann.

Ich fühle des Todes

Verjüngende Flut

Und harr in den Stürmen

Des Lebens voll Muth.

5.

Über der Menschen

Weitverbreitete Stämme

Herrschte vor Zeiten

Ein eisernes Schicksal

Mit stummer Gewalt.

Eine dunkle

schwere Binde

lag um ihre

bange Seele.

Unendlich war die Erde.

Der Götter Aufenthalt

Und ihre Heymath.

Reich an Kleinoden

Und herrlichen Wundern.

Seit Ewigkeiten

Stand ihr geheimnisvoller Bau.

Über des Morgens

Blauen Bergen

In des Meeres

Heiligen Schoos

Wohnte die Sonne

Das allzündende

Lebendige Licht.

Alte Welt. Der Tod. *Xstus – neue Welt*, die Welt der Zukunft – Sein Leiden – Jugend – Botschaft.

Auferstehung. *Mit den Menschen ändert die Welt sich*. Schluß – Aufruf.

Ein alter Riese

Trug die selige Welt

Fest unter Bergen

Lagen die Ursöhne

Der Mutter Erde –

Ohnmächtig

In ihrer zerstörenden Wuth

Gegen das neue

Herrliche Görtergeschlecht,

Und die befreundeten

Frölichen Menschen.

Des Meeres dunkle

Blaue Tiefe

War einer Göttin Schoos.

Himmlische Schaaren

Wohnten in frölicher Lust

In den krystallenen Grotten –

Flüsse und Bäume

Blumen und Thiere

Hatten menschlichen Sinn,

Süßer schmeckte der Wein

Weil ihn blühende Götterjugend

Den Menschen gab –

Des goldnen Korns

Volle Garben
Waren ein göttliches Geschenk.
Der Liebe trunkne Freuden
ein heiliger Dienst
Der himmlischen Schönheit.
So war das Leben
Ein ewiges Fest
Der Götter und Menschen.
Und kindlich verehrten
Alle Geschlechter
Die zarte, köstliche Flamme
Als das Höchste der Welt.
Nur Ein Gedanke wars

Der furchtbar zu den frohen Tischen trat
Und das Gemüth in wilde Schrecken hüllte.
Hier wußten selbst die Götter keinen Rath,
Der das Gemüth mit süßen Troste füllte,
Geheimnißvoll war dieses Unholds Pfad
Des Wuth kein Flehn und keine Gabe stillte
–
Es war der Tod, der dieses Lustgelag
Mit Angst und Schmerz und Thränen
unterbrach.

Auf ewig nun von allem abgeschieden
Was hier das Herz in süßer Wollust regt –
Getrennt von den Geliebten, die hienieden
Vergebne Sehnsucht, langes Weh bewegt –
Schien nur dem Todten matter Traum

beschieden

Ohnmächtges Ringen nur ihm auferlegt.

Zerbrochen war die Woge des Genusses

Am Felsen des unendlichen Verdrusses.

Mit kühnem Geist und hoher Sinnenglut

Verschönte sich der Mensch die grause

Larve –

Ein blasser Jüngling löscht das Licht und

ruht –

Sanft ist das Ende, wie ein Wehn der Harfe –

Errinnrung schmilzt in kühler Schattenflut

Die Dichtung sangs dem traurigen Bedarfe

Doch unenträthselt blieb die ewge Nacht

Das ernste Zeichen einer fernen Macht.

Zu Ende neigte

Die Alte Welt sich.

Der lustige Garten

Des jungen Geschlechts

Verwelkte

Und hinaus

In den freyeren Raum

Strebten die erwachsenen

Unkindlichen Menschen.

Verschwunden waren die Götter.

Einsam und leblos

Stand die Natur

Entseelt von der strengen Zahl

Und der eisernen Kette

Gesetze wurden.

Und in Begriffe

Wie in Staub und Lüfte

Zerfiel die unermeßliche Blüthe

Des tausendfachen Lebens.

Entflohn war

Der allmächtige Glauben

Und die allverwandelnde

Allverschwisternde

Himmelsgenossinn

Die Fantasie.

Unfreundlich blies

Ein kalter Nordwind

Über die erstarrte Flur

Und die Wunderheymath

Verflog in den Aether

Und des Himmels

Unendliche Fernen

Füllten mit leuchtenden Welten sich.

Ins tiefere Heiligthum

In des Gemüths höhern Raum

Zog die Seele der Welt

Mit ihren Mächten

Zu walten dort

Bis zum Anbruch

Des neuen Tags,

Der höhern Weltherrlichkeit.

Nicht mehr war das Licht

Der Götter Aufenthalt

Und himmlisches Zeichen –

Den Schleyer der Nacht

Warfen Sie über sich

Die Nacht ward

Der Offenbarungen

Fruchtbarer Schoos.

Mitten unter den Menschen

Im Volk, das vor allen

Verachtet,

Zu früh reif

Und der seligen Unschuld der Jugend

Trotzig fremd geworden war,

Erschien die neue Welt

Mit niegesehnen Angesicht –

In der Armuth

Wunderbarer Hütte –

Ein Sohn der ersten Jungfrau und Mutter –

Geheimnißvoller Umarmung

Unendliche Frucht.

Des Morgenlands

Ahnende, blüthenreiche

Weisheit

Erkannte zuerst

Der neuen Zeit Beginn.

Ein Stern wies ihr den Weg

Zu des Königs

Demüthiger Wiege.

In der weiten Zukunft Namen

Huldigte sie ihm

Mit Glanz und Duft

Den höchsten Wundern der Natur.

Einsam entfaltete

Das himmlische Herz sich
Zu der Liebe
Glühenden Schoos
Des Vaters hohen Antlitz zugewandt –
Und ruhend an dem ahndungsselgen Busen
Der lieblichernsten Mutter.
Mit vergötternder Inbrunst
Schaute das weissagende Auge
Des blühenden Kindes
Auf die Tage der Zukunft,
Nach seinen Geliebten,
Den Sprossen seines Götterstamms,
Unbekümmert über seiner Tage
Irrdisches Schicksal.
Bald sammelten die kindlichsten Gemüther

Von allmächtiger Liebe
Wundersam ergriffen
Sich um ihn her.
Wie Blumen keimte
Ein neues, fremdes Leben
In seiner Nähe –
Unerschöpfliche Worte
Und der Botschaften Fröhligste
Fielen wie Funken
Eines göttlichen Geistes
Von seinen freundlichen Lippen.
Von ferner Küste
Unter Hellas
Heitern Himmel geboren
Kam ein Sänger

Nach Palaestina.

Und ergab sein ganzes Herz

Dem Wunderkinde:

Der Jüngling bist du, der seit langer Zeit

Auf unsren Gräbern steht in tiefen Sinnen –

Ein tröstlich Zeichen in der Dunkelheit

Der höhern Menschheit freudiges Beginnen.

Was uns gesenkt in tiefe Traurigkeit

Zieht uns mit süßer Sehnsucht nun von

hinnen.

Im Tode ward das ewge Leben kund –

Du bist der Tod und machst uns erst gesund.

Der Sänger zog
Voll Freudigkeit
Nach Indostan
Und nahm ein Herz
Voll ewger Liebe mit,
Und schüttete
In feurigen Gesängen
Es unter jenem milden Himmel aus
Der traulicher
An die Erde sich schmiegt,
Daß tausend Herzen
Sich zu ihm neigten
Und die fröliche Botschaft
Tausendzweigig emporwuchs.
Bald nach des Sängers Abschied

Ward das köstliche Leben

Ein Opfer des menschlichen

Tiefen Verfalls –

Er starb in jungen Jahren

Weggerißen

Von der geliebten Welt

Von der weinenden Mutter

Und seinen Freunden.

Der unsäglichen Leiden

Dunkeln Kelch

Leerte der heilige Mund,

In entsezlicher Angst

Naht' ihm die Stunde der Geburt

Der neuen Welt.

Hart rang er mit des alten Todes Schrecken

Schwer lag der Druck der alten Welt auf ihm

Noch einmal sah er freundlich nach der

Mutter –

Da kam der ewigen Liebe

Lösende Hand –

Und er entschlief.

Nur wenige Tage

Hieng ein tiefer Schleyer

Über das brausende Meer – über das finstre

bebende Land

Unzählige Thränen

Weinten die Geliebten.

Entsiegelt ward das Geheimniß

Himmlische Geister hoben

Den uralten Stein

Vom dunklen Grabe –

Engel saßen bey dem Schlummernden,

Lieblicher Träume

Zartes Sinnbild.

Er stieg in neuer Götterherrlichkeit

Erwacht auf die Höhe

Der verjüngten, neugebornen Welt

Begrub mit eigner Hand

Die alte mit ihm gestorbne Welt

In die verlaßne Höhle

Und legte mit allmächtiger Kraft

Den Stein, den keine Macht erhebt, darauf.

Noch weinen deine Lieben

Thränen der Freude

Thränen der Rührung

Und des unendlichen Danks
An deinem Grabe –
Sehn dich noch immer
Freudig erschreckt
Auferstehn
Und sich mit dir –
Mit süßer Inbrunst
Weinen an der Mutter
Seligen Busen
Und an der Freunde
Treuem Herzen –
Eilen mit voller Sehnsucht
In des Vaters Arm
Bringend die junge
Kindliche Menschheit

Und der goldnen Zukunft
Unversieglichen Trank.
Die Mutter eilte bald dir nach
In himmlischen Triumpf –
Sie war die Erste
In der neuen Heymath
Bey dir.
Lange Zeiten
Entfloßen seitdem
Und in immer höhern Glanze
Regte deine neue Schöpfung sich
Und Tausende zogen
Aus Schmerzen und Qualen
Voll Glauben und Sehnsucht
Und Treue dir nach.

Und walten mit dir
Und der himmlischen Jungfrau
Im Reiche der Liebe;
Und dienen im Tempel
Des himmlischen Todes.

Gehoben ist der Stein
Die Menschheit ist erstanden
Wir alle bleiben dein
Und fühlen keine Banden
Der herbste Kummer fleucht
Im lezten Abendmale
Vor deiner goldnen Schaale
Wenn Erd und Leben weicht.

Zur Hochzeit ruft der Tod
Die Lampen brennen helle
Die Jungfraun sind zur Stelle
Um Oel ist keine Noth.
Erklänge doch die Ferne
Von deinem Zuge schon
Und ruften uns die Sterne
Mit Menschenzung und Ton.

Nach dir, Maria, heben
Schon tausend Herzen sich
In diesem Schattenleben
Verlangten sie nur dich.
Sie hoffen zu genesen
Mit ahndungsvoller Lust

Drückst du sie, heilges Wesen

An deine treue Brust.

So manche die sich glühend

In bittrer Qual verzehrt

Und dieser Welt entfliehend

Nur dir sich zugekehrt

Die hilfreich uns erschienen

In mancher Noth und Pein –

Wir kommen nun zu ihnen

Um ewig da zu seyn.

Nun weint an keinem Grabe

Für Schmerz, wer liebend glaubt.

Der Liebe süße Habe

Wird keinem nicht geraubt.

Von treuen Himmelskindern

Wird ihm sein Herz bewacht
Die Sehnsucht ihm zu lindern
Begeistert ihn die Nacht.

Getrost das Leben schreitet
Zum ewgen Leben hin
Von innrer Glut geweitet
Verklärt sich unser Sinn.
Die Sternwelt wird zerfließen
Zum goldnen Lebens Wein
Wir werden sie genießen
Und lichte Sterne seyn.

Die Lieb' ist frey gegeben
Und keine Trennung mehr
Es wogt das volle Leben
Wie ein unendlich Meer –

Nur Eine Nacht der Wonne

Ein ewiges Gedicht –

Und unser aller Sonne

Ist Gottes Angesicht.

6.

Hinunter in der Erde Schoos

Weg aus des Lichtes Reichen

Der Schmerzen Wuth und wilder Stoß

Ist froher Abfahrt Zeichen.

Wir kommen in dem engen Kahn

Geschwind am Himmelsufer an.

Gelobt sey uns die ewge Nacht,

Gelobt der ewge Schlummer,

Wohl hat der Tag uns warm gemacht

Und welk der lange Kummer.

Die Lust der Fremde gieng uns aus.

Zum Vater wollen wir nach Haus.

Was sollen wir auf dieser Welt

Mit unsrer Lieb' und Treue –

Das Alte wird hintangestellt,

Was kümmert uns das Neue.

O! einsam steht und tiefbetrübt

Wer heiß und fromm die Vorzeit liebt.

Die Vorzeit wo die Sinne licht

In hohen Flammen brannten,

Des Vaters Hand und Angesicht

Die Menschen noch erkannten,

Und hohen Sinns, einfältiglich

Noch mancher seinem Urbild glich.

Die Vorzeit wo an Blüthen reich

Uralte Stämme prangten,

Und Kinder für das Himmelreich

Nach Tod und Qual verlangten

Und wenn auch Lust und Leben sprach

Doch manches Herz für Liebe brach.

Die Vorzeit, wo in Jugendglut

Gott selbst sich kundgegeben

Und frühem Tod in Liebesmuth

Geweiht sein süßes Leben

Und Angst und Schmerz nicht von sich trieb

Damit er uns nur theuer blieb.

Mit banger Sehnsucht sehn wir sie

In dunkle Nacht gehüllet

Und hier auf dieser Welt wird nie

Der heiße Durst gestillet.
Wir müssen nach der Heymath gehn
Um diese heilge Zeit zu sehn.

Was hält noch unsre Rückkehr auf –
Die Liebsten ruhn schon lange
Ihr Grab schließt unsern Lebenslauf
Nun wird uns weh und bange.
Zu suchen haben wir nichts mehr –
Das Herz ist satt, die Welt ist leer.

Unendlich und geheimnisvoll
Durchströmt uns süßer Schauer
Mir däucht aus tiefen Fernen scholl
Ein Echo unsrer Trauer
Die Lieben sehnen sich wol auch
Und sandten uns der Sehnsucht Hauch.

Hinunter zu der süßen Braut,

Zu Jesus dem Geliebten,

Getrost die Abenddämmrung graut

Den Liebenden Betrübten.

Ein Traum bricht unsre Banden los

Und senkt uns in des Vaters Schoos.